Original Title: Tanz der Worte

Copyright © 2024 Book Fairy Publishing
All rights reserved.

Editors: Theodor Taimla
Autor: Melani Helimets
ISBN: 978-9916-748-99-2

Tanz der Worte

Melani Helimets

Die Poesie springt

Poesie springt, voller Kraft,
Trägt uns weit, durch Tag und Nacht.
Funken sprühen, in jedem Wort,
Vögel singen im Einklang fort.

Leichtigkeit im Vers versteckt,
Träumend, was die Seele weckt.
Zeilen hüpfen, über Berg und Tal,
Gedichte fliegen, mit leichtem Saal.

Verspielte Vokabeln

Vokabeln tanzen, wild und frei,
Im Reigen der Fantasie dabei.
Spielerisch, quer durch Zeit und Raum,
Finden sie zum Sprachentraum.

Wörter hüpfen, wie der Regenbogen,
Bunte Farben, sanft verwoben.
Gedanken, die im Spiel verweilen,
Engel der Worte, die uns heilen.

Sprache in Schwung

Sprache fließt, im ewigen Klang,
Gefühle, die aus Worten klang.
Rhythmen, die den Geist erheben,
Gedichte, die im Herzen leben.

Vers für Vers, im Tanz der Zeit,
Erzählen sie von Ewigkeit.
Im Schwung der Sprache, tiefes Licht,
Offenbart ein neues Gedicht.

Text im Takt

In der Stille der Nacht spielt das Herz ein Lied,
Verse tanzen leise, während die Zeit entflieht.
Buchstaben im Reigen, Wörter wiegen sacht,
Rhythmen entfalten sich, im Takt der dunklen Nacht.

Papier und Tinte, ein harmonisches Paar,
Gedanken schweben frei, Gefühle sind klar.
Jeder Vers ein Schlag, jeder Reim ein Klang,
Text im Takt, eine Melodie, die nicht verklang.

Wortgeflüster

Flüsternd wandert das Wort durch den Raum,
Sanft wie ein Windhauch, zart wie ein Traum.
Jedes Geheimnis, leise ausgesprochen,
Verbindet die Seelen, zart verwoben.

Im Wispern der Worte liegt tiefe Magie,
Erzählen Geschichten, verlieren sich nie.
Geflüsterte Poesie, ein stiller Gesang,
Ein Echo der Herzen, endlos und lang.

Lyrische Kaskaden

Ein Strom aus Worten, unaufhaltsam und klar,
Jedem Vers folgt der nächste, so wunderbar.
Gedanken wie Wasserfälle, stark und tief,
Lyrische Kaskaden, die niemand je vergäb.

Durch den Fluss der Poesie treiben wir hin,
Gefühle begleiten uns, von Beginn.
Jeder Tropfen ein Gedanke, jeder Spritzer ein Sinn,
Lyrische Kaskaden, in die wir versinken.

Wogende Strophen

Wie Wellen im Meer, Strophen erheben sich,
Jede Bewegung, ein poetischer Stich.
Reim um Reim, eine schwingende Fahrt,
Wogende Strophen, Kunst präzise und zart.

In dichter Folge, Strophe auf Strophe,
Potential und Emotion, wie ein Spiegel im Hofe.
Wort für Wort, ein wogendes Spiel,
Strophen tragen uns fort, weg von Zeit und Ziel.

Rhythmus der Gedanken

Ein Flüstern durch die Zeiten,
vernäht die Seelen fein.
Gedanken, die uns leiten,
sind unser heil'ger Schein.

Der Herzschlag schreibt die Zeilen,
ein Takt aus Sternenlicht.
Im Nehmen und im Teilen
verblasst kein Angesicht.

Wie Wellen in den Meeren,
in ewigem Geklang.
Lässt sich nur schwer verwehren,
des Geistes sanfter Sang.

Wortmelodie

In Harmonie verweben,
Gedanken still und klar.
Ein Takt im tiefen Leben,
wird zu Musik, ganz wunderbar.

Die Worte sanft erklingen,
wie ein vertrauter Chor.
Ihre Melodien bringen
uns süß in Trance empor.

Ein Strom von stillen Träumen,
der durch das Schweigen fließt.
Wie gold'ne Herbstesbäume,
die Zeit uns leis' genießt.

Tanzende Silben

Silben wiegen sich im Takte,
wiegen hin und her.
Spielen eine ew'ge Jagd,
leicht wie Wolkenmeer.

Im Rhythmus der Gedanken
fließt die sanfte Spielerei.
Leicht, als ob die Zeit' verwanken,
schweben Worte froh herbei.

Jed' Silbe, die wir sagen,
hat einen stillen Klang.
In ihren zarten Wogen,
schwingt Freude stets entlang.

Gedanken in Bewegung

Gedanken wie Visionen,
in steter Wanderschaft.
Durch Zeit und Raum sie wohnen,
in ewig freier Kraft.

Bewegung ihre Sprache,
fließen leis' dahin.
Verwandeln sich in Tage,
im ewigen Beginnen.

Wie Sterne in der Ferne,
die immerzu sich drehn.
Gefühle sonder Schwere,
durch alle Zeiten gehn.

Taktvolle Poesie

Im sanften Fluss der Zeit,
so zart und leise stimmt,
die Melodie der Welt,
die unser Herz erklimmt.

Ein Takt, der stets erklingt,
aus Sternenstaub geboren,
sorgt dafür, dass das Sein,
voll Harmonie erkoren.

Die Worte tanzen frei,
im Reigen der Gefühle,
schaffen ein Gewebe,
das immerzu verühle.

Im Takt der leisen Nacht,
wird jedes Wort zum Segen,
führt uns in neue Welten,
die niemals uns erregen.

So bleibt die Poesie,
ein sanftes, leises Singen,
das Glück in jedes Herz,
mit großem Takt will bringen.

Beschwingte Gedanken

In Gedankenflügen frei,
berühren wir das Leben,
träumen von den Wundern,
die uns die Sterne geben.

Ein Federzug im Wind,
definiert die Schwingen,
die uns durch Räume tragen,
und Freiheit stets beschwingen.

Die Wolken, sie erzählen,
von längst vergessnen Zeiten,
führen uns zu Orten,
die unser Herz begleiten.

Beschwingt, mit Leichtigkeit,
betreten wir die Pfade,
die uns auf Höhen führen,
soweit das Herz es wahre.

Gedankenflug so leicht,
kein Ziel zu fern, zu kühn,
träumen, tanzen, fliegen,
in allem liegt ein Sinn.

Verschlungene Verse

Die Worte weben Netze,
aus Träumen, die entstehen,
verknüpfen unser Leben,
mit dem, was wir nicht sehen.

Verschlungen sind die Verse,
die sich ins Herz hinein,
wie Flüsse ihren Weg,
durch Fels und Stein vereinen.

Ein jedes Wort ein Faden,
der uns zusammenführt,
ein Gewebe, dicht und stark,
das niemals uns verführt.

Verschlungene Geschichten,
erzählen von den Stunden,
die wir durch Lebensträume,
so dicht in uns gefunden.

Die Verse sind verschlungen,
doch mit Bedacht gewählt,
sie geben uns die Richtung,
die unsere Seele wählt.

Reigen der Reime

Im Reigen tanzen Reime,
ein Spiel aus Klang und Wort,
sie führen uns zu Orten,
zu einem fernen Ort.

Die Reime ziehen Kreise,
in klarer Harmonie,
verbinden unsere Seelen,
im Spiel der Poesie.

Ein jeder Klang so zärtlich,
die Melodie der Welt,
sie spricht von unseren Träumen,
die uns durch Zeit gestellt.

Der Reigen nie zu enden,
ein ewiges Gewebe,
gibt uns ein Stückchen Frieden,
durch jede Reimestrophe.

So tanzen wir im Reigen,
der Worte und der Klänge,
bis in die tiefste Nacht,
in die sich alles dränge.

Klangvolle Dichtung

In der Stille der Nacht, da hör ich ein Lied,
Ein Echo der Zeit, das die Seele durchzieht.
Jede Note verhallt, wird zu einem Gebet,
In der Unendlichkeit, wo die Ewigkeit steht.

Sanft wie der Wind, der die Blätter bewegt,
Eine Melodie, die das Herz in sich trägt.
Ihr Klang ist ätherisch, erfüllt den Raum,
Im flüsternden Takt, wie ein flüchtiger Traum.

Die Sterne, sie tanzen, im Takt der Musik,
Ein Flüstern der Dämmerung, ein funkelnder Blick.
Die Dunkelheit weicht, gibt dem Licht ihren Platz,
Und im Rhythmus des Lebens finden wir uns im Satz.

Rhythmischer Vers

Der Mond, er funkelt, hoch über dem See,
Erzählt uns Geschichten von Sehnsucht und Weh.
Jeder Herzschlag, im Einklang der Nacht,
Ein Pulsieren des Lebens, das in uns erwacht.

Die Wellen, sie rauschen im Takt der Natur,
Ein klangvolles Echo, von endloser Spur.
Durch die Wälder, die Berge, bis weit übers Land,
Ein ewiger Rhythmus, den alles verband.

Im Schatten der Bäume, da flüstert der Wind,
Von Träumen, die fliegen, so frei wie ein Kind.
Ein harmonisches Lied, durch die Lüfte getragen,
In der Melodie des Lebens, die nie wird versagen.

Poetische Pirouetten

Im Tanz der Gedanken, da schwebe ich fort,
Auf den Flügeln der Zeit, an einen fernen Ort.
Ein Reigen von Worten, so zart wie der Schnee,
Dreht Pirouetten in Versen, so leicht wie der Klee.

Die Träume, sie blühen in schillerndem Glanz,
Inmitten der Sterne, da führen sie ganz.
Ihre Wege sind weit, ihre Pfade oft krumm,
Doch harmonisch verbunden in des Dichters Summ.

Ein Wirbel, ein Tanz, der Seele Verlangen,
Von Sehnsucht und Leben so eng eingefangen.
Im Schweben der Reime, ein sehnsüchtiger Blick,
Ein poetischer Reigen, der den Augenblick schmückt.

Harmonische Worte

In den Tiefen der Zeilen wird Harmonie gefunden,
Ein jeder Gedanke an Melodie gebunden.
In sanften Rhythmen, die durch Herzen fließen,
Aus der Feder des Dichters, die Worte ergießen.

Die Verse, sie klingen wie ein sanftes Lied,
Erzählen von Liebe, die niemals versiegt.
Jedes Wort, ein Klang, der die Seele bewegt,
Ein zartes Geflüster, das ewig forträgt.

Durch die Seiten, da wandern die Zeilen fort,
Erreichen dein Herz, am fernen Ort.
In einem Buch aus Träumen, da sind sie vereint,
Harmonische Worte, die zu dir geweint.

Verwebte Wörter

Fäden aus Gedanken, fein gesponnen
Unsichtbar die Muster, die wir finden
Hände und Worte kunstvoll verbunden
So werden Stimmen sanft gewunden

Worte tropfen, sanft wie Regen
Streuen in die See des Seins
Hoffnung keimt in dunklen Wegen
Weben still ein Licht aus Keim

Jeder Satz ein Kettenschlag
Im Gewebe Sinn und Klang
Zwischen Zeilen ein neuer Tag
In den Tiefen, im Gesang

Buchstaben singen stumme Lieder
Verweben Träume, Tag für Tag
Ein neuer Weg, ein neuer Glieder
In einem Reigen, tief und klar

Schritte der Fantasie

Gedanken schweifen ohne Ziel
Über Wiesen, Wege, Raum
Tragen uns durch Zeit und Stil
Tauchen tief in Seelentraum

Schritte hallen durch die Weite
Tragen Bilder, fern und nah
Ihre Spuren ewig gleiten
Über Fährten wunderbar

Träume tanzen, leicht wie Federn
Durch die Schleier dieser Welt
Mal beschwingt wie helle Wetter
Mal im Dunkel abgestellt

In den Lüften schweben leise
Märchenreiche Harmonie
Immer weiter auf der Reise
Schritte der Fantasie

Lyrische Bewegung

Wörter fließen in den Raum
Schaffen Bilder, weich und klar
In der Poesie ihr Saum
Trägt uns fern und nah

Zeilen gleiten wie die Flügel
Über ein Gedankenmeer
Sanfte Wellen, stille Hügel
Ziehen uns im Takt umher

Eine Melodie der Zeilen
Klingt durch jede Strophe sacht
Lässt das Herz im Lesen weilen
Bringt den Morgen in die Nacht

Lyrisch sanft, doch stark im Ton
Bewegt die Worte, nie allein
Eine Welt, hell oder hohl
Im Poesie, ein stetes Sein

Rhythmus des Schreibens

Feder gleitet über Seiten
Worte fließen, leicht und frei
Im Takt der Seele stets begleiten
Linien wie ein Himmelstreu

Jeder Satz ein Pulsschlag rein
Hand in Hand mit dem Verstand
Gedanken in die Worte lein
Seele findet zu sich selbst bekannt

Zeilen sprechen, schweigend klingen
Boten eines fernen Lichts
In ihrer Schrift die Lieder bringen
Nachricht aus des Schöpfers Sicht

Rhythmus ist das Herz im Werke
Schreibt die Welt in Tintenform
Erzählt vom Ursprung bis zur Ferne
Ein Gedicht in Lebensnorm

Synkopen der Sprache

Worte tanzen auf der Zunge
Durch die Lüfte, leicht und frei
Jede Silbe wie ein Funke
Sprachmelodie, ein sanftes Ei

Vers in Sprüngen, keinen Plan
Syntax-Banken, die sich neigen
Jeder Laut ein dunkler Hahn
Der im Morgengrauen zu schweigen

Klänge rauschen über Ohren
Ein Gewirr von Licht und Ton
In den Sinnesfluten verloren
Rhetorik wie ein stiller Lohn

Pausen brechen, füllen Stille
Jeder Satz ein neues Lied
Und die Worte ohne Wände
Brechen auf, was Einsamkeit

Doch in jedem leeren Staube
Bleibt ein Teil des alten Traums
Ein Gedicht, geboren Taube
Singend durch den Dämmerbaum

Fließende Fertigmotive

In der Farbenwelt der Zeichen
Tanzt der Pinsel wild und frei
Schichte über Schichte reichen
Formen fließen, ich bin dabei

Jeder Schwung ein neuer Anfang
Jede Kurve spricht von Zeit
Striche finden neuen Beifang
Bilden Werke, tief und breit

Farben singen von Geschichten
Leben, Lieben, gelebter Tag
Motive haben kein Verzichten
Wachsen in den Herzenstag

Konturen ohne festen Rahmen
Wellen des Moments gebannt
Durch die Linse, durch die Lamen
Werden sie im Geist erkannt

Und so fließt die Bildersprache
Ohne Stillstand, ohne Zwang
Unaufhaltsam wie Tränenlache
Jeder Pinselstrich ein Klang

Schriftstellerische Symphonie

In der Stille der Gedanken
Blühen Worte leise auf
Jeder Buchstab' ohne Schranken
Findet in den Zeilen Raum

Sätze klingen wie Akkorde
In der Seele, tief und klar
Jeder Text ein stiller Borde
In der See, so wunderbar

Poesie in Noten fließend
Jeder Vers ein Ton aus Licht
Wie Melodien, sanft umwiesen
Klanggefüge, Gedicht für Gedicht

Zwischen Zeilen, sich verhüllend
Liegt ein Sinn, nur halb erkannt
Doch im Herze sich erfüllend
Wie ein Stück aus Sternenhand

Schreiben, Streben, Klanggewebe
Jede Seite ist Musik
Und das Letzte, das Erstrebe
Ist die Symphonie im Blick

Reimschwung

Reime fliegen durch die Lüfte
Wie ein Vogel, mutig, frei
Zwischen Zeilen, in die Kluften
Findet Kunst den neuen Mai

Jeder Vers, ein tanzend Wunder
Jede Strophe Herz und Geist
Reime binden uns im Bunde
Wie der Himmel still umkreist

Klänge hallen aus den Schatten
Worte drehen sich im Kreis
Jeder Schwung aus alten Matten
Findet neuen Glanz und Eis

Rhythmus pulst durch stumme Räume
Echo der Unendlichkeit
Bricht den Schleier unsrer Träume
In der Zeit und Dunkelheit

Und am Ende dieses Schwunges
Bleibt ein Hauch von Ewigkeit
Jeder Reim, ein Glanz, ein Junges
Das im Herz der Dichter bleibt

Konsonanz und Dissonanz

Konsonanzen im Herzen klingen,
Doch Dissonanzen sie durchdringen.
Im Gleichklang schwingen sie sodann,
Führen meine Seele an.

Leise Töne driften fort,
In meinem Inner'n, an jedem Ort.
Doch auch laut und schrill zugleich,
Halten mich im Widerstreit.

Harmonie mag mich betören,
Doch Stille kann mich auch zerstören.
Zwischen Tönen find' ich Raum,
Für Licht und Dunkel, wie im Traum.

Der Mond im Schatten, still verweilt,
Ein Spiel von Klängen, das mich heilt.
Konsonanz und Dissonanz,
Tanzen in des Nachts Balance.

Strophen im Schwung

Tanzt im Wind, die müde Zeile,
Dreht sich weiter, ohne Weile.
Vers für Vers in sanftem Bogen,
Poesie, im Herz verwogen.

Sanfte Takte, zarte Reime,
Schwingen leis' wie alte Träume.
Mit dem Fluss der Zeit besteh'n,
Immer weiter, nie vergeh'n.

Farben, Klänge, all' in Sicht,
Füllen das lebende Gedicht.
Jeder Vers, ein kleiner Schwung,
Melodie im Seelensprung.

Jedes Wort im Raum verbleibt,
Eine Zeit, die ewig treibt.
Stroph' für Stroph' im ew'gen Lied,
Poesie, die nie versiegt.

Flüsternde Verse

Flüsternd kommen sie herbei,
Leise, wie der Wind im Mai.
Sanfte Worte, wie ein Hauch,
Bilden einen leisen Brauch.

Silben, die im Schatten tanzen,
Traum und Wirklichkeit umpflanzen.
Langsam, wie ein Seidenband,
Binden sie mich Hand in Hand.

Sanft und zart in meinem Ohr,
Kommen sie zu mir empor.
Jeder Vers ein kleines Licht,
Welches durch die Dunkel bricht.

Zarte Stimmen in der Nacht,
Halten mich und geben Acht.
Flüsternd, durch das Dunkel jetzt,
Schreib ich dieses Herz gesetzt.

Bewegende Poesie

Worte tanzen durch den Raum,
Wiege sie in meinem Traum.
Jeder Buchstab' hat Gewicht,
Schafft ein buntes Himmelslicht.

Zeilen fließen, nie verwehen,
Lassen mich die Welt verstehen.
Melodie in jedem Laut,
Hoffnungsvoll, doch auch vertraut.

Sphärenklänge, leise zart,
Finden Spiegel in der Art,
Wie die Seele pocht und ringt,
Bis ein neues Lied erklingt.

Poeten finden dann den Grund,
Für das Leben, tief und bunt.
In den Versen, die sie schreib'n,
Können sie die Zeit vertreib'n.

Verwobene Verse

In eines Nachts geheimem Licht,
Verweben Träume sich so dicht,
Gedanken fließen, ohne Ziel,
Erwachen sanft im Morgenhauch.

Die Sterne flüstern leise Lieder,
Vergangenheit kommt sacht zurück,
Ein jedes Wort ein zart Gefieder,
Das Herz befreit von unsrem Druck.

In diesem Weben aus Gefühl,
Verliert sich Zeit und Raum und Still,
Ein Meer aus Versen, sanft und rein,
Lädt uns ein, willkommen zu sein.

Träum weiter, Seele, ohne Schranken,
Verlust der Welten, doch Gedanken,
Sie finden stets im Takte Ruhe,
Und füllen leise deine Schuhe.

Verwobene Verse, so erlesen,
Ein Netz aus Poesie und Wesen,
Erzählen uns von alten Tagen,
Märchenhaft und unverzagt.

Schweben im Versmaß

Die Wolken tragen meine Zeilen,
Weit hinweg in Himmelshöhen,
Dort, wo Sternenbilder weilen,
Lass ich poetisch mich ergehen.

Im Gleichgewicht der Worte schweben,
Echo hallt im Universum wider,
Gedichte, die das Herz beleben,
Klingen sanft, wie alte Lieder.

Zeilen tanzen, leicht und leise,
Im Takt der Zeit, im Fluss der Welt,
Jeder Vers auf seine Weise,
Eine Melodie, die uns gefällt.

In den Reimen find' ich Frieden,
Ruhige See im wogenden Meer,
Jeder Satz von Glück beschieden,
Bringt uns sanft nach Hause hehr.

Schweben im Versmaß, frei und kühn,
Klang der Worte, seidne Weben,
In den Himmeln sich erblüh'n,
Einfach dasein, einfach leben.

Symphonie der Strophen

Ein Chor der Stimmen, tief und klar,
Erklingt in nächtlich stiller Stunde,
Symphonie, so wunderbar,
Erfüllt das Herz mit sanftem Grunde.

Die Strophen wiegen sich im Klang,
Ein Wechselspiel der Harmonie,
Ein leises Flüstern, sanfter Sang,
Entführt uns in die Fantasie.

Die Melodie, ein zart Geflecht,
Von Tönen weich gewoben,
Lässt uns entfliehen dem Gefecht,
Der Welt, in der wir oft verschroben.

Im Einklang finden wir den Frieden,
Der Symphonie der Worte lauschen,
Die Töne sanft, von Glück beschieden,
Lassen die Seelen sich berauschen.

Symphonie der Strophen, weise,
Ein Zauber, der uns kann erlösen,
In jeder Note eine Reise,
Für die wir unser Herz erlesen.

Dramatische Dichtung

Im Theater der Gefühle,
Spielen Masken ihre Rollen,
Doch was tief im Herzen wühle,
Bleibt verborgen, leis verschollen.

Tragödie im Takte schreitet,
Von Verse zu den nächsten Bühnen,
Und die Seele fortgeleitet,
In dem Drama uns zu lehnen.

Jeder Vers ein Stück vom Leben,
Tiefes Sehnen, flammend' Glut,
Hoch die Worte, wild und eben,
Phantasie in voller Blüt.

Dramatische Szenen dicht verwoben,
Erzählen uns von Freud und Leid,
Die Verse, die sich noch erhoben,
Führen uns in Unendlichkeit.

In der Dichtung, tief ergründet,
Fühlen wir unendliches Sein,
Hoffnung, die den Traum verkündet,
Im dramatischen Gedicht daheim.

Wörter im Walzerschritt

Die Worte tanzen leicht und frei
Im Takte von der Seele Fluss
Sie schwingen durch die Lüfte hoch
In fröhlicher, beschwingter Lust

Ein Reigen bunter Wörterblüten
Wirbeln wild im Sonnenschein
Wie zarte Schmetterlingsgestalten
So fliegen sie, mal groß, mal klein

Im Schatten alten Eichenbaums
Da flüstert mancher Satz im Wind
Von Liebe, Sehnsucht, süßen Träumen
Wie Kinder, die verloren sind

Durch raffinierte Reigenform
Vereinen sie sich freudig neu
Und strahlen voller Glanz und Glorie
Mit Fantasie, die ewig treu

Wo immer diese Worte walzen
Erblüht die Welt in Farbenspiel
Auf zarten Sohlen tanzen sie
Ein Leben lang, ein liebend Ziel

Klänge der Lyrik

Das Lied der Lyrik tönt so fein
Es wiegt die Sinne sanft im Schlaf
Mit Silben wie aus weichem Samt
Erklingen Zeilen, Wort um Wort

Im Hauch der Poesie erwacht
Ein Kosmos voller Zauberton
Der Geist erhebt sich in den Klang
Durch sinnlich-melodischen Mohn

Das Ohr vernimmt des Dichters Stimme
Die Harmonie des Lebenssinns
In jeder Strophe flüstert leise
Ein Echo ferner, sanfter Ginst

Im Dämmerglanz der Morgensonne
Erblüht der Poesie ein Feld
Von Tönen, zarten Klanggespinsten
Ein Bild, das in die Seele fällt

In diesem Klang, so tief und weit
Verliert sich still der Menschensein
Ein Universum voller Pracht
Verborgener Wörter, fein und rein

Gedichte in Bewegung

Auf Flügeln aus Papier und Tinte
Schwingen Wörter durch den Raum
In jeder Zeile tanzt ein Funke
Ein Funke voll von Lebensraum

Wie Blätter tanzen im Windspiel
Bewegt sich jede Versenheit
Ein Reigen voller Poesie
Durchdringt die Stille sanft und weit

Die Zeilen fliegen, wirbeln, kreisen
Sie malen Bilder, bunt und klar
Ein Ozean aus sanften Wellen
Ein sternenleuchterndes Ende war

In ihrem wilden, freien Tanz
Berühren sie das Herz, den Geist
Und in der Seele regt sich neu
Ein Bild, das tief im Innern kreist

So schreiten weiter, leicht bewegt
Die Verse durch des Lebens Flut
Sie fließen fort, im ewigen Strom
Im Tanz der Ewigkeit eng brüht

Verspielte Worte

Die Worte springen leicht und froh
Wie junge Rehe durch den Wald
Sie lachen, trällern, hüpfen hier
Vertraut und weit und unbehalt

Mit Federstrichen malen sie
Ein Bild von Traum und Märchenwelt
Sie scherzen, necken, spielen fein
Und fliegen fort, vom Wind gesellt

Auf einer Wiese voller Tanz
Spielt jedes Wort sein eignes Lied
So bunt und lustig, rein und prall
Ein Klang, der durch die Lüfte zieht

Der Mond schaut lächelnd auf sie nieder
Verborgene Träume sind erwacht
Im Spiel der Worte stets vergessen
Doch bleiben sie in tiefer Nacht

In jedem Auf und Ab der Zeilen
Erklingt ein Lachen, frei und klar
Verspielte Worte, leicht und zart
Ein ewiges, lebendiges Jahr

Wort-Dynamiken

In der Tiefe der Gedanken,
Finden Worte ihren Klang,
Wellen die sanft sanieren,
Harmonisch wie ein Chorgesang.

Ein Flüstern in der Ferne,
Trägt Geschichten hierher,
Ströme von Buchstabenkernen,
Weben Netze, zweifelsschwer.

Klang und Rhythmus tanzen,
In poetischen Symphonien,
Wort-Dynamiken erglänzen,
In unserem Geistes-Verein.

Ein Funke zaubert Sätze,
Im Wirbelwind der Zeit,
Baut Brücken, schafft Netze,
Seelenfrieden, ungestreidt.

Ein Ode an das Wort,
Das uns immer wieder holt,
In all seiner Ewigkeit,
Eine Bedeutung, die nie verkohlt.

Lichter im Sprachstrom

Ein Fluss von flüssigen Worten,
Der durch die Sinne fließt,
Fließen Gedanken wie Boten,
Ein glühendes Sprachverließ.

Lichter tanzen durch die Zeilen,
Wie Sterne in der Nacht,
Verknüpfen Sinn und Weilen,
In stiller, tiefer Pracht.

Jedes Licht ein Funken,
Ein Moment tief gedacht,
In den Sätzen durchgesunken,
Eine Hoffnung neu entfacht.

Im Strom der Sprache schwimmen,
Gefühle, klar und rein,
Lichter die wir fischen,
Aus einem Meer von Sein.

Sprachflüsse endlos fließend,
Durch Raum und Zeit gewoben,
Licht der Worte gießend,
Im Herzraum aufgezogen.

Poetisches Pulsieren

Poetische Herzen schlagen,
Im Takt der Menschenzeit,
Eine Melodie zu wagen,
Im poetischen Geleit.

Jede Zeile, jedes Wort,
Pulsierend wie ein Herz,
Trägt Gefühle fort,
Ehrlichkeit und Schmerz.

Bewegung in den Sätzen,
Ein Rhythmus, klar und fein,
In Gedanken Netze setzen,
In Herz und Geist hinein.

Ein sanftes Pochen tönt,
Durch Poesiens Weiten,
Wo jeder Funke lohnt,
Sich im Sein zu breiten.

Wellen der Emotionen,
Pulsieren sanft und still,
In poetischen Visionen,
Wo dein Herz verweilen will.

Buchstabenreigen

Ein Tanz aus vielen Zeichen,
Buchstaben, klar und bunt,
Verspricht in ihren Reichen,
Ein Poesieschatz, gesund.

Wie Blätter im Wind wehen,
In einem gemütlichen Reigen,
Mit jedem Schritt, ein Sehen,
Von Welten, die sich zeigen.

Jeder Buchstabe schwingt,
Im Takt des Dichterspiels,
Zärtlichkeit, die bringt,
Ein Gefühl, echt und viel.

Der Reigen niemals endet,
Die Zeichen stets im Lauf,
Eine Poesie, die blendet,
Wachsamer Geist hört auf.

Tanz und Schrift verweben,
Geschichten, die wir sein,
Im Reigen Buchstabebleiben,
In Ewigkeit gemein.

Takt des Schreibens

Mit Feder und Tinte, Zeilen geschaffen,
Gedanken fließen, Stille durchbrechen,
Im Takt der Worte, Welten erwachen,
Geheimnisse flüstern, Sehnsüchte sprechen.

Der Rhythmus des Abends trägt uns fort,
Durch Wellen von Sätzen, Meere von Sinn,
Im Rauschen der Blätter, suchen wir Hort,
Finden in Versen, was uns verfällt hin.

Zeichen tanzen, beflügeln Raum und Zeit,
Ideen entbinden, Freiheit gibt trotzt,
Die Muse umarmt uns, niemals im Streit,
Inmitten von Zeichen, tief und erut.

Stift über Papier, Geschichten entstehen,
In Welten verträumt, fantastisch vertraut,
Der Takt des Schreibens lässt uns verstehen,
Dass Worte ein Leben im Herzen erbaut.

Wortklänge

Ein Klang, der durch jede Silbe dringt,
Harmonien weben ein Netz aus Licht,
Wort um Wort zu Melodien zwingt,
Die Seele ergreift, das Herz nicht bricht.

Im Spiel der Laute, Töne vereint,
Erschaffen wir Welten, erzählen laut,
Das Gehör verzaubert, mit Sinn gemeint,
Verbindet uns tief, was sonst kaum traut.

Die Worte wie Perlen, an Fäden gereiht,
Ein Klangteppich webt, des Denkens klar,
Inmitten des Chaos, eine Wahrheit gezeigt,
Musik unserer Sprache, wunderbar.

Wortklänge tragen uns durch das Gemüt,
Erinnerungen, die uns halten fest,
Sie singen und klingen, und geben uns Mut,
In ihrer Melodie, unser Herz ist ein Nest.

Lebendige Literatur

Seiten voll Leben, die Bücher entfalten,
Die Zeilen erzählen vom Mensch und vom Sein,
Jenseits von Zeit, über Epochen gehalten,
Literatur gibt den Gedanken den Schein.

Aus Geschichten geboren, Helden so stark,
Ziehen uns hinein, in Welten ganz neu,
Mit Worten erschaffen, unendlich und klar,
Ein literarisches Reich, stets treu.

Die Kapitel des Lebens, in Bücher gebannt,
Erzählungen, die niemals vergehen,
Lebendige Literatur, Wahrheit benannt,
In jeder Geschichte, ein Stückchen von Wehen.

Seiten voll Liebe, voller Leid und Gericht,
Verweben sich leise, im ewigen Kreis,
Die Literatur lebt, ein ewiges Licht,
Im Herzen der Leser, ein ständiger Beweis.

Verzaubernde Poesie

In sanften Versen, die Herzen betören,
Schreibt die Seele ihre Melodien,
Worte, die wie Zauber uns entführen,
In Träume, die im Inneren erglühen.

Verzaubernde Poesie tanzt still,
Durch Seiten, die von Händen geformt,
In jedem Reim, ein Moment, so will,
Die Magie des Augenblicks wird genormt.

Zeilen verstärken, was tief in uns liegt,
Gefühle und Träume erheben sich frei,
Jede Strophe ein Flügel, der uns wiegt,
In Poesienetz, weich und lei.

In Versen finden wir ein funkelndes Meer,
Sterne der Worte, die ewig scheinen,
Verzaubernde Poesie, lebendig und leer,
Erhellt unser Herz, lässt niemals allein.

Worte wirbeln

Worte wirbeln, sanft und fein,
In des Geistes weitem Raum,
Finden Platz in jedem Reim,
Weben einen zarten Traum.

Wie die Blätter tanzen leicht,
Mit dem Wind im schönen Kreis,
Formen sich die Worte sacht,
Malen Bilder voller Fleiß.

Ausdruck fließt in jeden Satz,
Jedem Wort innewohnt Glanz,
Ihre Reise, ohne Platz,
Doch ihr Klang, ein stolzer Tanz.

Flüsternd wehen sie davon,
In die Ferne, ungeseh'n,
Wachs'n zu Gedichten schon,
Süß und schwerelos verweh'n.

Ihre Magie, still und tief,
Eine Welt in Worte giess'n,
Die das Herz behutsam rief,
Um in Fragmenten zu sprieß'n.

Melodische Metaphern

Saiten tief im Innern klingen,
Wenn der Reim die Seele füllt,
Worte wollen Lieder singen,
Melodien, zart verhüllt.

Metaphern tanzen, luftig leicht,
Auf dem Pfade der Poesie,
Jedes Wort im Takt vergeigt,
Schafft Momente aus Magie.

Durch die Zeilen fließt ein Lied,
Jede Strophe ein Akkord,
Herzen öffnen sich im Tritt,
Finden Träume ohne Wort.

Klang und Stille, Hand in Hand,
Wellen in der Sprachens Lieb,
Rhythmen füllen, weit das Land,
Wie ein Herz, das leis' betrieb.

Unendliche Melodien,
Schwimmen in der Tinte Meer,
Schaffen niemals müde Bien'n,
Die des Dichters Feder nähr.

Sprachliche Harmonie

Sanft die Worte, wie ein Wind,
Streicheln zart die Seelenspann,
Welch' Harmonie sie finden kann,
Wenn die Laute sacht erblühn.

Sprache tanzt in feinem Gleich,
Jeder Ton ein zarter Hauch,
Im Gedicht, so leicht und seicht,
Tönt sie wie ein sanfter Rauch.

Klang und Echo weben Licht,
In des Dichters stillem Raum,
Reime finden ihr Gesicht,
Fließen wie ein bunter Traum.

Harmonien, tief verwurzelt,
In den langen Zeilenreih'n,
Haben sich im Herz vermummt,
Wollen immer bei uns sein.

Jedes Wort, ein Sternenstrahl,
Leuchtet hell durch dunkle See,
In der Sprachkunst heilgem Saal,
Klingt die Harmonie juchhée.

Dichtkunst in Bewegung

Buchstaben tanzen, unbeirrt,
Auf den Seiten voller Glanz,
Reime finden Raum und Zierde,
Schwingen stets im wilden Tanz.

Sätze fließen, wie ein Strom,
Wellen formen Poesie,
Lassen Herzen niemals ruh'n,
In der Flut der Dichterknie.

Sprachen wandern, unbeschwert,
Über Berge, Tal und Land,
Ihre Botschaft stets gekehrt,
Zu dem Leser, Hand in Hand.

Gleich dem Wind, der Stürme trägt,
Reisen Worte weit hinaus,
Niemals still und niemals träg,
Find'n sie stets ihr eig'nes Haus.

In Bewegung, stets besinnt,
Neigen sich die Worte tief,
Lassen uns versteh'n den Wind,
Der durch Dichtkunst ewig rief.

Reigen der Silben

Im sanften Tanz, die Worte fliegen,
Ein Reigen stiller Silben, sacht.
Sie weben Träume, bunt durchzogen,
In einer stillen Sommernacht.

Ein Kuss von Wind im Morgenrot,
Silben huschen, leise fliehen.
Geflüster gibt den Takt uns vor,
Worte, die auf Wogen ziehen.

Ein Reigen schillernder Figuren,
Wie Regenbogen, die sich neigen.
Gedanken schweben, tanzen frei,
Im Walzer der gefallnen Zweige.

Im Dunkel glimmen Sterne sacht,
Und Silben bahnen ihren Pfad.
Ein Mysterium, das uns verführt,
Ein endloser, bezaubernder Rat.

Der Morgen graut, der Tanz verweht,
Doch bleibt die Sehnsucht, tief betreten.
Ein Reigen stiller Silben schenkt,
Ein Märchen, das die Zeit verhebt.

Flüsternde Rhythmen

Ein Flüstern durch die Nächte zieht,
Sanfte Klänge, die uns wiegen.
Klangvolle Rhythmen unberührt,
Sanft in unser Herz eindringen.

Das Blatt im Wind erzählt uns viel,
Von Träumen, die sich nicht verlieren.
Im Takt der stillen Melodie,
Lässt Wind uns seine Zeichen spüren.

Ein Hauch Musik im Wolkenspiel,
Der Sonnenstrahl im Augenblick.
Sie tanzen, schweben, still verführt,
Zu einem flüsternden Geschick.

Wenn Sterne flüstern durch die Nacht,
Ein Lied, so leise, kaum vernommen.
Die Rhythmen tragen uns durch Zeit,
Wo wir in Träumen angekommen.

Ein leises Wispern in der Luft,
Schenkt uns die Melodie der Stille.
Ein Hauch von Ewigkeit berührt,
Die Rhythmen spenden uns den Wille.

Gesang der Buchstaben

Ein Lied der Buchstaben erklingt,
Inmitten leiser Stille.
Ein Alphabet, das uns beflügelt,
Führt uns mit sanftem Wille.

Ein Jeder Ton ein Zeichen trägt,
Vereint in Harmonie.
Die Buchstaben verschmelzen zart,
Zu einer stillen Symphonie.

Von A bis Z ein schöner Klang,
Im Einklang mit der Seele.
Ein leises Murmeln, sanft und klar,
Ein Lied der Worte, das uns wähle.

Die Tinte fließt in stillen Bogen,
Geführt von einer Hand.
Der Worte Melodie erklingt,
So rein, wie sie nur einer fand.

Ein jeder Satz ein Wehmut' trägt,
Ein jeder Klang ein Freud.
Im Gesang der Buchstaben,
Finden wir immer wieder Neu.

Sprachliches Ballett

Ein Tanz der Worte, präzise, fein,
Gewebt im Licht der Dammerung.
Ein sprachlich schönes Ballett spielt,
Von Träumen, die das Herz uns stimmt.

Die Vokale springen hoch,
Die Konsonanten halten sich fest.
Im Reigen der grammatikalischen Kunst,
Wo Sprache tanzt und träume lässt.

Die Sätze bilden schöne Reihen,
Wie Tänzer auf der Bühne klar.
Ein meisterhaftes Spiel der Sprache,
Klingt vor der Ohren wunderbar.

Ein Hauch von Poesie verhüllt,
Die Szenen dieser besonderen Reise.
Sprache tanzt auf zarten Zehenspitzen,
In Sanftmut und in feiner Weise.

Ein Ballett, das niemals endet,
Geführt von unsichtbarer Kraft.
Ein sprachlich schönes Meisterwerk,
Im Herzen neue Schönheit schafft.

Rhapsodie der Rhythmen

Töne tanzen, Melodien gleiten,
Durch die Lüfte, sanft und frei,
Herzen schlagen, im gleichen Takte,
Musik verbindet, wir sind dabei.

Klang der Trommeln, tief und schwer,
Flöten flüstern, leicht und klar,
Saiten singen, süß und heiter,
Rhythmus trägt uns, wunderbar.

Wirbelnde Tänzer, drehen sich,
In der Mitte, das Herz erwacht,
Jeder Schritt ein kleines Wunder,
Rhapsodie der Nacht entfacht.

Bässe beben, greifen tief,
In die Seele, ein Akkord,
Klatschen Hände, jubeln Stimmen,
Konzert im All, ein festes Wort.

Leuchtende Augen, strahlend hell,
Farbenspiele, Klanggesicht,
Jeder Ton ein kleines Märchen,
In der Rhythmen Zauberlicht.

Sprachmelodie

Worte fließen wie ein Strom,
Sanft umarmen sie das Ohr,
Unser Herz, es pocht im Takte,
Sprachmelodie erklingt empor.

Silben tanzen, Reime weben,
Finden Wege, ganz subtil,
Sätze fliegen, wie die Wolken,
Tragen Träume, sanft und still.

Stimme hebt sich, fällt herab,
Mal ein Lachen, mal ein Schrei,
Unsrer Seele zarte Klänge,
Sind in Worten stets dabei.

Erzählungen und alte Sagen,
Sprüche, Weisheit, bittersüß,
Sprachmelodie, sie bleibt ewig,
In Geschichten, die nie verließ.

Von den Lippen, zarte Töne,
Fließen, flüstern, klingen sacht,
Sprache singt in vielen Farben,
Melodie, die Herzen macht.

Bewegte Verse

Verse tanzen, springen fröhlich,
Über Seiten, fliegen weit,
Worte fließen, niemals müde,
Poesie in Wirklichkeit.

Gedanken schweben, leise, laut,
In den Zeilen, ungestüm,
Lesen, fühlen, jedes Wort,
Geben Kraft dem Traum im Glück.

Buchstaben wie in Seide gewebt,
Fließend, tänzelnd, wie ein Stern,
Jeder Satz ein Abenteuer,
Fern und nah zugleich so gern.

Versmaß wiegt uns sanft und sacht,
Hin und her, in Zeit und Raum,
Bewegte Verse, Herz und Seele,
Sind die Sprache unsrem Traum.

Poesie, die Flügel schenkt,
Leben, Liebe, Glück empor,
In den Versen widerklingen,
All die Wünsche, die zuvor.

Synchrone Strophen

Strophen klingen, wunderbar,
Im Einklang, perfekt und rein,
Jede Zeile, eine Melodie,
Liebe füllt das Herz allein.

Verse gehn in Harmonie,
Parallel und doch vereint,
Synchrone Strophen, fest verflochten,
Leben, das im Wort erscheint.

Reime greifen ineinander,
Wie ein Tanz, im sanften Rausch,
Klingen, singen, wie die Wellen,
Unsre Seele ist ihr Brauch.

Jedes Wort, in Einklang steht,
Rhythmen, die uns fest verbinden,
Synchrone Strophen, wie die Sterne,
Leuchten still in nächt'gen Winden.

Jeder Klang ein zarter Traum,
In den Herzen, die sich finden,
Poesie in schönsten Tönen,
Ohne Anfang, ohne Winden.

Metaphern im Takt

Ein Rhythmus von Worten, sanft und klar,
Taucht tief ins Hirn, bleibt wunderbar.
Metaphern fließen, pulsierend im Takt,
Erinnerung verblasst, der gegenwärtige Fakt.

Jede Zeile ein Bild, farbenfroh gemalt,
Geheimnisse enthüllt, wenn es den Schleier stahlt.
Wie ein Fluss frei durch Gedanken rast,
Im Einklang mit dem Herzschlag, niemals fast.

Die Zeiten verweben, ein dichteres Netz,
Geschichten von gestern, im Hier ihr Geschwätz.
Ein Tanz der Metaphern, harmonisch gewebt,
Lebendige Worte, die Seele belebt.

Spinnweben der Sprache, in Poesie verwahrt,
Jede Zeile ein Kloster, ein göttlicher Pfad.
In dunklen Stunden, die Sinne erhebt,
Sprühend vor Leben, das immerdar strebt.

Vereinfacht und tief, doch schwingt immer mit,
Metaphern im Takt, die kein Ende erbit'.
In des Lesers Geist pflanzt sich die Saat,
Unvergänglich und blühend, in ewiger Tat.

Melodie der Poesie

Klänge der Worte, sie steigen empor,
Ein sanftes Crescendo, dringt in jedes Ohr.
Die Melodie der Poesie, so zart und rein,
Eingraviert in Herzen, im Geiste fein.

Verse verschmelzen, ein Gewebe so dicht,
Jedes Laut ein Funke, strahlendes Licht.
Ein Konzert von Gedanken, so leise und still,
Doch erfüllt es den Raum, mit eigenem Will.

Harmonien verwehen, im Wind ihres Seins,
Jedes Wort ein Akkord, niemals allein.
Ein Klang der Ewigkeit, ewig währt,
Durch Raum und Zeit, stets unversehrt.

Lieder der Sprache, verwoben und tief,
Einander begegnen, wohin der Geist auch lief.
Von Melodie getragen, die Seele befreit,
In stiller Umarmung, wo jeder Traum gedeiht.

Jedes Gedicht, ein ewiger Gesang,
Der die Stille bricht, mit lieblichem Klang.
Die Melodie der Poesie, in Harmonie,
Verbindet die Welten, in Symphonie.

Fabelhafte Schritte

Mit Schritten durch die Fabel, schreiten wir voran,
Geschichten, die leuchten, im mystischen Bann.
Jeder Schritt ein Abenteuer, voller Glanz,
Eintauchen wir, in des Märchens sanftem Tanz.

Von Fabelwesen geführt, im Einklang der Zeit,
Enthüllt sich die Welt, in ihrer Vielfalt und Breit.
Eulen formulieren Weisheit, die Nacht erhellt,
Fabelhafte Schritte, die die Seele erhellt.

Jeder Schritt ein Geheimnis, tief in sich gehüllt,
Ein Pfad aus Prosa, vom Wunder erfüllt.
Das Unbekannte lockt, verwegen und frei,
Ein Abenteuer wartet, im fernen Tal dabei.

Von Geschichten begleitet, ein zeitreicher Lauf,
Durch Wälder und Täler, durch Märchens Tau.
Mit fabelhaften Schritten, die Reise beginnt,
Jede Zeile ein Wunder, das uns verbindet.

Verweilen wir kurz, in der Welt von Geschicht,
Während das Herz pocht, im zärtlichen Licht.
Fabelhafte Schritte, führen zu neuen Toren,
Erleben wir Märchen, ohne je verloren.

Klangvolle Verse

In klangvollen Versen, die Seele befreit,
Schwingt Poesie, in endloser Zeit.
Durch Worte getragen, in Melodien rein,
Besingen wir das Leben, in Versen, so fein.

Jede Zeile ein Ton, der Echo bringt,
Ein Gesang des Herzens, das innen singt.
Die Klänge der Worte, tief im Geist,
Mit jedem Vers, der das Leben umkreist.

Harmonisch verflochten, in lyrischem Tanz,
Die Gedanken verweben, in poetischem Glanz.
Ein Herzschlag der Sprache, das leblos befreit,
In klangvollen Versen, die Erinnerung bleibt.

Einklang der Worte, das Herz tief berührt,
Die Seele erwacht, wenn die Stille verführt.
Vers für Vers, ein Klang, der uns führt,
Durch Zeit und Raum, wo die Liebe blüht.

Ein Reigen der Töne, ein poetisches Gift,
Den Geist erhellt, das Dunkel durchdrift.
Klangvolle Verse, ein ewiger Gesang,
Der ewig verweilt, im Herzen, so lang.

Gedankenballett

Tanzend auf der Bühne des Verstands
Schwebt der Geist federleicht dahin
Worte formen zarte Bänder aus Glanz
Bemalen die Luft, verschwinden im Sinn

Wie ein Reigen von Träumen, sanft und leise
Entfachen sie Feuer in unserer Mitte
Verlieren sich in der endlosen Reise
Durch ein Labyrinth voller Poesie und Bitten

Jeder Gedanke, ein flüchtiger Moment
Verwirrt den Geist im bunten Tumult
Führt uns hin zu des Herzens Horizont
Wo Stille eintritt, trügerisch und kult

So tanzen die Gedanken im ewigen Kreis
Halten uns fest, lassen uns schwerelos
In einem kosmischen Tanz voller Fleiß
Der in uns rollt, unermesslich grandios

Die Bühne erstrahlt, der Vorhang fällt
Doch die Tänzer bleiben im ewigen Spiel
Gedanken im Ballett, sanft erhellt
Von Licht, das die Seele fühlend umhüll'

Prosaische Pirouetten

Wortgeschmiedet dreht das Rad
Die Prosa tanzt in wildem Schwung
Der Satz fliegt wie ein bunter Spat
Trägt Botschaften in der Luft, beflügelt so jung

Im Sog der Sprache wirbelt es wild
Spindelnd um des Herzens Achse
Verzärteln sich Geschichten im Bild
Ein Tanz, der uns die Seele stahl und besaß

Dreht sich weiter, ohne Ruh'
Ein Karussell aus Buchstaben und Zeit
In jedem Wort ein Herz, so treu
Verwebt in Netzen voller Filter der Unendlichkeit

Durch Drehungen wird alles neu
Wird Prosa zur Melodie, bleibt nie stumm
In der Literatur, da fliegt es frei
Ein Tanz im Worte, so facettenreich und jung

Pirouetten der Gedanken, endlos schwebend
Worte fließen wie ein sanfter Fluss
Prosaisch tanzen sie, stets erlebend
Die Zeit als Freund, in jeder Zeile Fluss

Komposition der Worte

Töne aus Buchstaben formen sich still
Zarte Melodien gesponnen aus Sinn
In den Zeilen, wo der Klang verweilen will
Findet die Seele Ruhe und beginnt

Jeder Satz ein Akkord im Raum
Harmonie, die die Gedanken lenkt
Ein schwingendes Wort, ein gefühlter Traum
Komponiert aus dem, was Herz stark bedenkt

Worte tanzen wie Noten auf papier'nen Zeilen
Ergeben einen Chor aus Tiefen und Höhen
Eine Symphonie, die die Stille will teilen
Mit der Seele, die im Takt verwehend

In der Komposition lebt das Herz auf
Gesang, der leise den Geist erhebt
Jeder Vers ein Puls, der stark darauf baute
Dass in den Worten das Leben bebt

Die Musik der Sprache, ewig bleibend
Komponiert in des Dichters Hand
Ein Werk, das durch Zeiten sich treibend
Dem Leser schenkt ein poetisches Band

Lyrik in Bewegungsschrift

Worte, die sich entfalten im Raum
Ein tanzender Strom, ein gehauchtes Gedicht
Jeder Vers ein melodischer Traum
In Bewegung, wo das Gefühl bricht

Der Stift, ein Tänzer, so zart im Schwung
Malt Zeilen, die durch die Herzen fließen
Wie Sternschnuppen, die am Himmel jung
Glitzern und den Augenblick genießen

In jede Bewegung schleicht sich der Rhythmus
Des Lebens, tanzend im poetischen Kleid
Lyrik, die sich bewegt, so glanzvoll und schwirrt uns
Durch Zeit und Raum ohne Hast und Neid

Schrift gleitet über Papier wie ein Walzen
Eine Choreographie aus Gedanken und Licht
Bewegt durch unsinnige Lieder, die im Netz falzen
Ein Tanz der Zeilen, sanft und dicht

Durch jeden Buchstaben dreht sich ein Wind
Der die Stille zart beflügelt und hebt
Bewegungsschrift, die uns in Lyrik bind'
Ein Reigen, der in unseren Seelen bebt

Schwingende Texturen

Im Takt der Zeit, die Fäden feinsinniger Spreu
Gewebte Träume, in denen sich Gedanken rücken
Eine Melodie, durch die der Wind fließt
Schwebende Köpfe, die die Leichtigkeit betrügen

Mit Fingerspitzen, die das Unbekannte ertasten
Ein Spiel aus Licht und Schatten, das uns umhüllt
In diesen Bahnen finden wir unsere Pfade
Durch die Muster, die die Seele still enthüllt

Jede Berührung, ein poetisches Gefüge
Tangiert von jenen, die unsichtbar weben
Texturen schwingen, tragen uns in den Reigen
Flüsternd Geschichten, die im Herzen leben

Ein Teppich aus Emotionen entfaltet sich nun
Im Farbenklang des inneren Blumenmeers
Ein Tanz der Sinne, der uns tief berührt
Verborgene Wahrheiten, die bleiben so sehr

Im Stoff des Lebens, das so reichlich schenkt
Verneigen wir uns vor der feinen Kunst
Schwingen mit den Texturen, die uns lenken
Ein Netz aus Gefühlen, das uns fest umspannt

Verspielte Rhythmen

Im Klang des Herzens, das beschwingt erklingt
Tanzt die Seele im Kreis der Freude
Ein Pochen, das in bunten Farben singt
Verwebt sich mit der Zeit zu wilder Melodie

Ein Flüstern in der Luft, das zärtlich kitzelt
Gefühle, die im Frohsinn sich bewegen
Im Spiel des Lebens, das die Sinne umarmt
Ein Hüpfen, das die Träume sanft prägen

Die Morgenröte malt ein heiteres Lied
Von strahlenden Tagen und Morgenfrische
Einen Takt, der die Dämmung vertreibt
Und neue Lichter in die Räume mischt

Die Maßstäbe des Glücks sind federleicht
In diesem Rhythmus, so frei und unbekümmert
Herzen schlagen in harmonischer Pracht
Ein Tanz, der die Ewigkeit spiegelt

Im Schweigen der Nacht, wenn Sterne flüstern
Findet das Verspielte seine Stille
Doch in der Seele bleibt der Takt lebendig
Rhythmen, die das Dasein erfüllten

Poetische Bewegung

Ein Bild, das sich in Worten formt
In sanften Wogen, die uns tragen
Kuratierte Ausdruckskraft, die normt
Die Wucht des Moments, die wir fragen

Ausbalanciert zwischen den Zeilen
Ein Tanz der Sprache, der uns treibt
In diesen Phrasen, die nie verweilen
Ist es der Fluss der Zeit, der verbleibt

Unendliche Weiten, die sich entfalten
Im Reigen der poetischen Geschicklichkeit
Bewegungen, die zärtlich walten
Malen die Welt laut und doch bereit

Mit Federleichtigkeit wird geschrieben
Was tief im Herzen sich bewegt
Ist der Poesie Fluss geblieben
Die uns in Formen still erregt

Jede Bewegung, jedes Wort voll Segen
Im Kordon des poetischen Drangs
Erhebt uns hoch, wir fliegen verwegen
In den Himmel des ewigen Klangs

Gleiten des Gedichts

Sanft gleiten die Verse im Fluss der Zeit
Wie kleine Boote, die auf den Wellen tanzen
Strömen durch die Gedankenwelt so weit
In jedem Wort ein stilles Glückswanken

Im Winter das Wortschneegestöber breitet
Formen sich Bilder in schimmerndem Weiß
Ein zartes Netz, das die Fantasie begleitet
Glanzvolle Träume, die werden leis'

Der Frühling bringt das poetische Sprießen
Blüten der Verse in farbenfroher Pracht
Ein jeder Satz, Gedanken wogend fließen
Führt uns durch die Goldene Nacht

Im Sommer die Hitze der brennenden Zeilen
Die Leidenschaft in jedem Satz erweckt
Das Feuer der Poesie entfacht die Heilen
Die Liebesgedichte sind sanft versteckt

Der Herbst bringt dann Ernte, dichter und schwer
Gedanken reifen und flüstern durch' Laub
Ein Hauch von Melancholie liegt nah, nicht mehr
Doch hält das Gedicht uns fest im Glaub'

Farbenfrohe Phraseologie

Bunte Wörter tanzen heiter,
Lassen Sorgen sanft verwehen,
Farben sprühen immer weiter,
Lassen Herzen glücklich stehen.

Metaphern blühen wie die Rosen,
Im Garten unsrer Fantasie,
Gedanken, frei und unverdrossen,
Malen unsre Phantasie.

Jeder Satz ein kleines Wunder,
Jedem Wort ein Seelentanz,
Hell und dunkel, laut und stumm,
Harmoniert im Wortreigen ganz.

Fließen wie ein reicher Fluss,
Durch das Meer der sprach'gen Wogen,
In der Poesie ein Kuss,
Farbenfroh, wird uns gezogen.

Farbenfrohe Phraseologie,
Streift uns sanft wie Morgentau,
Schließt in Worte Harmonie,
Kunstvoll, federleicht im Blau.

Hochsaison der Synonyme

Wörter reich an Variationen,
Säuseln leis in Herz und Ohr,
Synonyme in Symphonien,
Breiten klangvoll sich hervor.

Niemals eintönig die Klänge,
Schwingen durch den Sprachgesang,
Klingen rein und voll Facetten,
Fördern das Verstehen dann.

Ein Konzert aus Silbenreich,
Spiel der Synonyme fein,
Jeder Ton so fabelhaft,
Lässt uns in den Kosmos rein.

Schöpfen aus der Wortkaskade,
Schillernd, neu und wunderbar,
Glücklich in der Sprachbrillanz,
Treffen sich die Träume da.

Hochsaison der Synonyme,
Glitzern, strahlen, tausendfach,
In dem Netz der Sprachreime,
Klingt uns die Vielfalt zum Tag.

Rezital der Rhythmen

Melodien aus den Worten,
Klingen durch die Lüfte frei,
Jeder Satz in seinem Takt,
Webt ein Band für Dich und mich.

Töne tanzen, pulsierend leicht,
Ziehn uns in den Rhythmus rein,
Im Rezital der Poesie,
Werden wir zum Tonverein.

Reime flattern gleich den Vögeln,
Jeder Klang ein neuer Traum,
Harmonisch geht der Vers ins Ohr,
Wie der Wind durch Weltenraum.

Schwingungen in Harmonie,
Zarte Klänge reihen sich,
Wie ein Rezital aus Sternen,
Begleiten uns durchs Sprachgedicht.

Rezital der Rhythmen schön,
Führen sanft uns in den Tag,
Klingen nach im Herz so fein,
In der Poesie ein Schlag.

Sprachblendungen

Wörter glänzen wie die Sterne,
Funken in den Sätzen drin,
Jeder Laut ein kleines Licht,
Blendet sanft durch seinen Sinn.

Metaphern wie Gemälde alt,
Leuchten in dem Vokabular,
Ihre Farben, strahlend groß,
Tauchen uns in Sprachgefahr.

Jede Phrase wie ein Diamant,
Schillert hell in vielen Farben,
Sprachblendungen, zaubern fein,
Dies lässt uns den Tag erahnen.

Wortgefechte in der Nacht,
Feuerwerk im Strophengewand,
Jeder Satz ein kleiner Stern,
Blendet uns mit schönem Klang.

Sprachblendungen leuchtend klar,
Funkeln hell, bringen Wonne,
In dem Schein der Poesie,
Strahlt uns Sprache wie die Sonne.

Lyrischer Walzer

In der Nacht, wo Sterne flüstern,
Träume tanzen Hand in Hand.
Mondenschein auf sanften Kissen,
Zart die Liebe, die uns fand.

Schritte lauschen, leise zärtlich,
Im Dreivierteltakt der Zeit.
Küsse leuchten, mild und märzlich,
Herzen finden Glück vereint.

Melodie von fernen Jahren,
Trägt uns sanft auf Wolken fort.
Lass uns diese Reise wagen,
Hin zum sternenhellen Ort.

Alle Sorgen leise wiegen,
Wie im Schlaf ein Kindertraum.
Nur das Glück soll uns beflügeln,
Unter'm gold'nen Himmelsraum.

Lyrischer Walzer, endlos schwebend,
So verweben sich die Seelen.
Lass uns tanzen, immer strebend,
Dies Gefühl, das nie verfehlen.

Schwingende Reime

Worte springen, wie die Funken,
Leicht und frei im Takt verwebt.
Klingen hell in Seelenbrunnen,
Wo die Poesie belebt.

Verse summen, bunt und wandernd,
Durch die Zeiten, Klang gewiss.
Schwingend, tanzend, leise wandelnd,
Neue Welten, die man liest.

Gedanken schweben, sanft getragen,
Von dem Wind, der Worte streut.
In den Herzen Licht entfachen,
Von Melodien sanft betreut.

Reime finden, reiche Ernte,
In der Dichter Phantasie.
Schwingen hoch auf goldnen Sternen,
Poesie als Symphonie.

Schwingende Reime, voller Leben,
Können Herzen tief berühr'n.
Lass uns stets nach ihnen streben,
Das Wort soll's Glück uns führ'n.

Poesie im Takt

Takt von Herzen, Takt der Verse,
Rhythmus, der im Innern lebt.
Trägt die Menschen durch die Nächte,
Wo das leise Lied erhebt.

Poesie, in Töne gehüllt,
Wiegt die Seele sacht im Raum.
Hoffnungsträume werden erfüllt,
Wortgebunden, wie im Traum.

Flüsternd süß, der Worte Reigen,
Lässt den Alltag still verweh'n.
Klingend schön in sanften Zweigen,
Möge uns der Frieden seh'n.

Takt und Poesie, vereint,
Gleiten durch die Zeit im Spiel.
Lass uns tanzen, froh vereint,
In der Liebe sanftem Stil.

In den Zeilen weht die Freude,
Wiegt uns leise auf und ab.
Poesie im Takt geleite,
Bis zum letzten Atemtrapp.

Wortbewegung

Worte tanzen, leicht und frei,
In der Stille, sanft und klar.
Hüpfen froh vorbei am Mai,
Folgen dem, was einmal war.

Sie verbinden tief die Seelen,
Fließen wie ein heller Strom.
Können fern den Schmerze hehlen,
Bauen Liebe's zartem Dom.

Mit jedem Schritt, ein neuer Klang,
In dem Lied der Ewigkeit.
Worte, die sich finden, lang,
Bilden Bänder, stark und weit.

Gleiten fröhlich durch die Zeit,
Finden Heimat in dem Ohr.
Klingen sanft und tief im Leid,
Bringen Fried' und Liebe vor.

Wortbewegung, das Geschenk,
Lass durch uns're Herzen flieh'n.
So im schönen Reime-Reigen,
Lass die Dichterworte blüh'n.

Lyrische Schwünge

Im Takte der Zeit, so weich und zart,
fliegt ein Gedanke, federleicht smart.
Durch Lüfte des Seins, überall hin,
birgt er Geheimnisse tief im Sinn.

Die Wörter tanzen, schweben dahin,
erzählen vom Leben, wohin ich auch bin.
Der Morgen erwacht im goldenen Glanz,
Lyrik erstrahlt im fortwährenden Tanz.

Wellen des Windes, Worte getragen,
sie malen Geschichten ohne Verklagen.
In sanftem Rhythmus, der Seele Klang,
schwingen die Verse, treiben entlang.

Ein Funke der Liebe, in lyrischem Schweben,
beleuchtet die Pfade, in steterem Streben.
Gedichte entfalten, ein ewiger Reigen,
sanfte Schwünge in, das Herz wird es zeugen.

In lichtvollen Zeilen, die Träume stranden,
ich finde Antworten, im innersten Landen.
So beflügelt die Seele, in reiner Poesie,
immt die Schönheit des Lebens in Euphorie.

Schritt und Wort

Ein Schritt im Schatten, ein Wort im Licht,
formen Geschichten, die keiner bricht.
Im Dämmer des Abends, sanft und leise,
weben sich Träume auf stille Weise.

Füße auf Wegen, im traulichen Gang,
die Seele, sie wandert, voll Lobgesang.
Felder des Denkens, im Wandel der Zeit,
Worte begleiten, machen uns bereit.

Ein Blick zur Welt, voller Wunder gefüllt,
das Herz es horcht auf, wohin es will.
Mit jedem Schritt, ein neues Gedicht,
den Alltag verschönert, im sanften Licht.

Strophen des Lebens, geboren im Lauf,
je weiter wir gehen, dem Glück entgegen.
In Schritt und Wort, vereint auf ewig,
finden wir Heimat, kostbar und ewig.

Schlag um Schlag, dem Leben so nah,
Worte und Wege, in Freiheit gegraben.
Schritt und Wort, im Einklang der Zeit,
beschreiten wir Pfade, im stillen Geleit.

Vers in Bewegung

Bewegung in Versen, die Seele erwecken,
in sanften Schritten, die Hoffnung entdecken.
Ein Flüstern des Windes, das Herz dirigiert,
Poesie in Bahnen, von Liebe inspiriert.

Vom Fluss des Lebens, getragen von Licht,
ein Lied der Freiheit, das keine Grenzen bricht.
Vers um Vers, in stetiger Regung,
Spüren wir die Kraft, in jeder Bewegung.

Die Erde erzittert, in rhytmischer Pracht,
Gedichte erwachen, im Sternengeflacht.
Jeder Schritt, ein Hauch von Beständigkeit,
Worte verwandeln, bringen Klarheit.

Auf Wegen der Poesie, wohin sie uns führen,
schreiten wir mutig, die Zukunft zu spüren.
Jeder Vers, ein Tritt in das Unbekannte,
Gedichte entfesseln, wo Heldentum brannte.

Im Schatten der Zeilen, die Hoffnung erstrahlt,
Bewegung in Versen, wird niemals veraltet.
Von Neuem geformt, durch Zeiten getragen,
leben Poesien, in Tritten und Sagen.

Poesie ohne Grenzen

Worte ohne Fesseln, die Welt umspannt,
fliegen durch Lüfte, Hand in Hand.
Von Höhen getragen, in Licht und Schein,
erstrahlen Gedichte, im Handeln rein.

Grenzen verschwinden, durch Worte geschmiedet,
Poesie entfaltet, wird heimlich gehütet.
Über Berge und Täler, die Seele schwebt,
Freiheit der Dichtung, die Herzen belebt.

Ein Funken der Hoffnung, in jedem Vers,
die Welt verbunden, im dichterischen Herz.
Zwischen den Zeilen, Erfüllung gefunden,
Poesie erklimmt, die höchsten Runden.

Im Geiste frei, grenzenloses Streben,
Verborgene Geschichten, die immer leben.
Gedichte als Brücken, in Zeit und Raum,
triumphieren in Ewigkeit, ein endloser Traum.

Von Liebe geleitet, in jeder Zeile,
Poesie trägt fort, was Herzen weile.
Grenzen verschwinden, im lyrischen Bund,
erstrahlen Gedanken, von Anfang bis Grund.

Fantastischer Wortfluss

Durch Wälder und Wiesen, im Strome zu zweit,
fließen die Worte in heiterem Kleid.
Regen und Sonnenschein mischen sich sacht,
ein Silberband, das die Seelen entfacht.

Sie murmeln und winden, ein leises Konzert,
führen die Träumer durch Welten versperrt.
Geschichten im Fluss, immerwährend geteilt,
ein Mosaik, das die Herzen verfeilt.

Geformt aus den Tiefen, wo Farben erwachen,
Gedanken und Bilder tanzen und lachen.
Der Wortfluss bleibt ewig, ein unendliches Band,
das Geheimnisse birgt in unsichtbarer Hand.

In Wellen geschrieben, mit zarterer Kraft,
die Sprache des Wassers in Poesie geschafft.
Der Fantastische Strom, der ewiglich rinnt,
ein Ozean, den der Schreiber beginnt.

Erzählen und Träumen, der Weg stets so klar,
wie der Fluss unserer Worte durch Zeit und Jahr.
Unendlich und tief, in steter Verbindung,
Sprachmagie, die uns ewig umschlung.

Schriftliche Synkopen

Im Takt der Feder, ein poetischer Schwung,
malt Synkope Rhythmus, so frei und doch jung.
Zwischen den Zeilen erklingen die Sterne,
im Wechsel der Worte, in dichter Ferne.

Ein Tanz der Silben, ein Spiel so subtil,
getragen von Tönen, schwebend und still.
Die Schrift reiht sich auf, wie Noten im Blau,
ein Sinnesfluss, so klar und so genau.

Verborgene Pausen, wo Tiefe entsteht,
die Melodie des Geistes, die ewig besteht.
Doch Synkopen beflügeln das stille Gedicht,
verleihen ihm Rhythmus, Licht und Gewicht.

Nacht und Tag, sie verschmelzen zur Symphonie,
in der Schriftlichen Kunst, der reinen Magie.
Die Worte, sie weben im Rhythmus der Zeit,
ein Muster der Sprache, nie endende Weit.

In den Buchstaben-Räumen tanzt leise Musik,
malt Synkopen der Schrift, wie ein antiker Trick.
Eine Harmonie, die die Seele durchdringt,
schriftlich geflüstert, wo der Takt der Zeilen singt.

Erzählende Eleganz

Aus Weiten der Seele, wo Geschichten sich regen,
erwacht eine Eleganz, getragen von Segen.
In Worten verpackt, so schön und so klar,
erzählen sie Märchen, so wunderbar.

Jede Zeile, so fein und bedacht gewebt,
ein Kunstwerk des Geistes, der sanft in sich lebt.
Ein Hauch von Magie, von Weisheit und Licht,
eine Erzählung, die durch die Zeiten bricht.

Bilder entstehen, im Leserherz warm,
ein Gefühl von Geborgenheit, friedlich, im Arm.
Mit jedem Wort, das die Seiten verziert,
eine elegante Melodie, die den Verstand berührt.

Sie flüstern von Liebe, von Sehnsucht und Glanz,
von Abenteuer und Mut, in sanftem Tanz.
Diese Erzählung, so elegant und schön,
führt uns ins Land der Träume hinauf, doch nicht allein.

Der Schreiber, ein Künstler, der webt mit Bedacht,
eine Welt in den Zeilen, die ewig entfacht.
Erzählende Eleganz, die die Zeit überdauert,
eine Ewigkeit im Moment, die uns immer vertraut.

Verzaubernde Texte

In Zeilen verworren, verzaubert und fein,
laden uns Texte ins Träumerland ein.
Worte wie Sterne am Himmelszelt,
leuchten und funkeln, beschreiben die Welt.

Durch süße Metaphern und sanfte Magie,
führen sie uns auf der Fantasie-Poesie.
Ein Flüstern der Sätze, ergreifend und klar,
berührt unser Herz, macht Träume wahr.

Im Einklang mit Sehnsucht und tieferem Sinnen,
bringen uns Texte zum Staunen, zum Beginnen.
Ein Kosmos aus Wörtern, ein weites Meer,
zeigt uns die Wunder, unschätzbar und leer.

Verzweigte Geschichten in lyrischem Lauf,
verzaubern die Sinne, tauchen uns auf.
Die Zeit scheint zu fliegen, in zartem Klang,
Texte, die singen einen ewigen Sang.

Das Magische liegt im Detail, im Verweis,
Texte, die strahlen in reinem Weiß.
Ein Zauberspruch, der uns tief berührt,
Verzaubernde Texte, die das Herz entführt.

Milton Keynes UK
Ingram Content Group UK Ltd.
UKHW022005310524
443378UK00014B/632